DISCOURS

PRONONCÉ

Par M. l'Abbé Lescure

AU MARIAGE DE

M. Joannès GARAS avec Mlle Elise FESCH,

DANS L'ÉGLISE DE SAINT-PIERRE DE VAISE, A LYON.

Le 12 Août 1865.

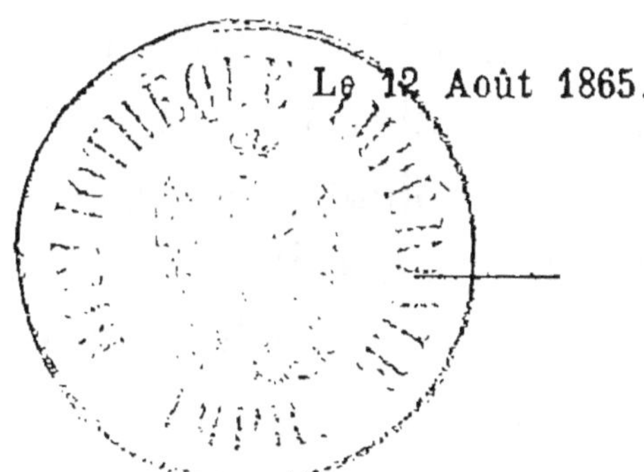

MONSIEUR ET MADEMOISELLE,

En ce jour, un des plus importants, sans nul doute, de votre existence, pourquoi la Religion emploie-t-elle, avec une si remarquable insistance, ses abondantes bénédictions, ses supplications les plus vives ? Pourquoi, autour de vous, ce concours nombreux et sympathique de parents, d'amis, qui vont s'unir à la sainte Eglise pour faire monter jusqu'au trône du Seigneur des vœux sincères, de ferventes prières? Pourquoi, vous-mêmes, avez-vous apporté, à l'acte solennel qui va s'accomplir, des réflexions sérieuses, une préparation religieuse et sainte, la purification de vos consciences et de vos cœurs?

Ah! jeunes époux, c'est que, vous l'avez compris sur les leçons de la Foi, il s'agit pour vous d'inaugurer une vie nouvelle; de consacrer les premiers éléments d'un établissement que vous êtes appelés à élever, à soutenir, à porter jusqu'à sa complète perfection au sein de l'Eglise de Dieu; au milieu de la société, dans l'intimité de ce foyer de la famille désormais sacré pour vous.

Et vous avez compris, précieuse intelligence pour les cœurs à qui Dieu la donne! que la bénédiction du Ciel est la première et la plus solide consécration de tous ces éléments d'une heureuse et sainte espérance.

Oui, vous allez contracter, à la face du ciel et de la terre, *une union sainte, indissoluble!* Qu'est-ce donc que cette union dans les vues de Dieu?

Ce sera une acceptation définitive, absolue, que vous ferez l'un de l'autre, une donation réciproque de tout ce que vous êtes aux yeux de Dieu et de la société. Appelés à ne former plus, selon l'expression de la sainte Écriture, qu'un seul cœur, une seule chair, une seule âme, vous devrez mettre en communauté de vues ces cœurs avec un amour sans partage, ces âmes avec le désir ardent de votre sanctification réciproque ; vos joies, pour les goûter ensemble, dans le sentiment d'une pieuse reconnaissance pour le Dieu qui vous les aura départies ; vos peines, ces peines, hélas ! inséparables d'une vie humaine, pour les supporter courageusement ; résignés, soumis à la volonté divine ; réconfortés mutuellement par le spectacle de la résignation que vous vous donnerez l'un à l'autre.

Or, jeunes époux, sachez-le bien, cette union ainsi comprise ne peut subsister, se perpétuer forte et généreuse, sans que Dieu lui-même, par sa grâce et son amour, y mette la main, pour la consommer dans vos cœurs, pour la cimenter comme une résolution inébranlable, à l'abri de toutes les inconstances ;

elle aura sa racine, non pas seulement dans une affection réciproque, mais plus encore dans le sentiment d'un devoir religieux et saint.

Qu'est-ce encore que cette union ?

C'est une union *souverainement importante* vis-à-vis de la sainte Église, qui attend de vous de nouveaux membres engendrés à la vie chrétienne ; *sérieuse*, vis-à-vis de la société à laquelle vous serez destinés à donner des enfants dignes d'elle ; *divine*, vis-à-vis du ciel que vous devrez enrichir de nouveaux saints formés par votre sollicitude pieuse. Or, ne vous le dissimulez jamais, accepter devant Dieu et la société le rôle de père et mère de famille, c'est une tâche qui ne s'accomplit point sans qu'il en coûte à la nature, au bien-être de la vie, de longs et parfois bien lourds sacrifices ; sans qu'il en coûte à la satisfaction du cœur, aux joies de l'âme, des sacrifices non moins persévérants.

Eh bien ! jeunes époux, je le dis sans crainte de me tromper : s'il y a responsabilité effrayante pour deux êtres qui perdent de vue cette sainte pensée, oh ! combien seront heureux, au contraire, deux cœurs qui, pénétrés de l'importance de leur devoir, en accepteront la tâche, avec un certain effroi sans doute, mais aussi avec une sainte confiance en Dieu, avec l'espérance de son appui assuré à leurs efforts, avec la foi en son secours, en sa lumière, en sa force ! Et pourquoi cela ?... parce que, au premier jour de leur union, ils auront répandu aux pieds du Seigneur et de Marie toutes leurs pensées d'avenir, toutes leurs espérances, leur demandant qu'ils en demeurent à jamais les gardiens et les protecteurs.

Qu'est-ce encore que cette union que vous allez contracter ?

Elle sera pour vous le premier anneau de cette chaîne qu'on appelle la *fortune* et qu'une légitime émulation devra développer, agrandir, consolider, pour vous, et pour l'avenir d'une famille que la Providence peut vous confier.

Or, au milieu des difficultés que vous aurez à vaincre, dans la persévérance des efforts que vous devrez déployer, au sein des dangers mêmes que doit affronter une existence humaine, l'aptitude que vous aurez reçue l'un et l'autre de la Providence, la jeunesse, la force de la vie, pourront vous être d'un immense secours, je le sais; mais ce que je sais aussi, c'est que l'aptitude la plus prononcée, sans la bénédiction du Ciel, peut demeurer impuissante; c'est que la jeunesse a besoin de Dieu pour féconder son énergie; c'est que la prudence la plus réelle pour conserver et défendre la vie d'un être bien-aimé, c'est la foi en Dieu, qui réclame son secours; et l'amour de ce Dieu, qui nous le donne.

Enfin, jeunes époux, cette union qu'est-elle? que doit-elle être pour vous?

C'est encore, et par-dessus tout, le commencement d'une vie nouvelle dans la voie de la sanctification. Ah! loin de vous cette idée fatale, qu'au jour de votre mariage qui consacre dans votre vie sociale une indépendance plus grande vis-à-vis de vos parents, votre âme en acquiert une semblable dans la vie spirituelle en regard de Dieu! L'union de vos cœurs resserre désormais vos consciences dans un lien plus étroit et plus sacré: isolés l'un de l'autre jusqu'ici, il vous eût suffi de sauver *votre âme* ; désormais chacun de vous devra s'appliquer et concourir à en sauver *deux* : une infraction à la loi divine, jusqu'ici, eût pu demeurer une faute personnelle et sans contre-coup ; elle aurait, à l'avenir, pour inévitable conséquence d'affaiblir dans vos cœurs une foi qui ne doit jamais cesser, la foi en Dieu ; d'y éteindre un amour dont les droits sont imprescriptibles, l'amour de Dieu et de sa loi.

Oui, jeunes époux, le bon exemple dans la piété, la fidélité à vos devoirs de chrétiens : voilà, parmi les desseins du Seigneur, celui qui prime tout ; car, avant tout, vous êtes enfants du ciel ! Eh bien ! laissez-moi vous le dire : que d'âmes infortunées trompent indignement, pour leur malheur, ces vues, cette intention paternelle du Seigneur ! Tristes ménages, où il ne se rencontre ni patience dans les épreuves, ni support mutuel dans les divergences de vues ou de caractères, ni harmonie dans les efforts ; tristes foyers domestiques, d'où sont bannis, à jamais peut-être, la tranquillité, le bonheur ; et pourquoi ?

Vous l'avez dit déjà dans votre propre conscience : c'est que, pour la consécration de ces sortes d'union, la Religion n'a été invoquée que comme une pure formalité indispensable ; c'est que, sous le toit conjugal, la Religion n'a pu s'implanter avec ses enseignements sacrés, avec ses divines prescriptions ; et, dans son exil, cette Religion ne s'en est pas allée seule : elle a emporté avec elle les grâces et les bénédictions célestes...

Tandis que, vivante, respectée au foyer de la famille, elle y couvre de ses délicieuses influences tout ce qui le compose : forte et généreuse dans le cœur d'un époux, elle soutient ses efforts, elle les féconde de ses bénédictions, elle les enrichit d'un titre sacré pour le ciel, celui d'œuvres méritoires. Inébranlable et douce, dans la vie d'une épouse, elle sanctifie et console son cœur, elle se répand en action salutaire sur tous ceux qui l'entourent et qui l'aiment. Principe de consécration pour l'espérance du bonheur que Dieu vous promet, elle demeure jusqu'à la fin la source bénie qui en renouvelle les effusions, l'élément qui le rend plus-pur, le sel divin qui le préserve de toutes les corruptions terrestres.

Et voilà, jeunes époux, nous en avons la ferme espérance, l'heureux spectacle que donnera désormais l'union que vous allez contracter, et au Ciel prêt à vous bénir, et à tous ces parents dont le cœur ne bat en cet instant que pour vous, et à cette société nouvelle où vous porterez bientôt votre part de vertu et d'édification : car il y a dans la vie humaine des conditions d'un passé qui demeurent, à l'ordinaire, le garant précieux des espérances d'avenir.

Oui, jeunes époux, lorsqu'on apporte, comme vous, Monsieur, pour constituer une union conjugale, non-seulement les garanties d'une intelligence solide, de succès brillants dès le début même d'une carrière industrielle, mais, au-dessus de cela, le tribut d'antécédents religieux, d'honorabilité sans tache dans une vie où tant d'autres la laissent malheureusement se flétrir, on peut regarder le Ciel avec amour et le prier avec confiance ! Et lorsque à ce premier élément viendra se joindre celui d'une jeunesse, comme la vôtre, Mademoiselle, passée tout entière dans l'inébranlable solidité des vertus chrétiennes,

noble simplicité d'une vie de travail, fuite
constante de toutes les folies du monde,
accomplissement à toute épreuve des volontés divines dans celles de vos parents bien-
aimés, amour inaltérable pour la loi de Jésus,
fidélité sans faiblesse au glorieux étendard de
sa divine Mère : oh ! quelle consolante moisson de bénédictions et des plus saintes espérances ne promet pas un semblable printemps !...

Et puis, laissez-moi vous dire encore une
conviction inébranlable dans mon expérience
de prêtre :

Quand Dieu intervient d'une manière aussi
providentielle et dans les pensées droites et
loyales de deux honorables familles chrétiennes ; quand sa bonté va, elle-même, chercher à distance deux cœurs, avant tout, respectueux et soumis à la volonté paternelle :
et quand, en dehors de ces influences si souvent désastreuses dans le monde, ces deux
cœurs chrétiens n'auront demandé qu'à la
vertu le mot d'ordre de leurs destinées futures, oui, il y a là, dans cette direction providentielle, un de ces traits lumineux qui ras-

sure la responsabilité des familles, — et dans cette volonté des parents, une force divine qui devient un point d'appui pour leurs enfants, — et dans le langage secret de deux cœurs faits l'un pour l'autre, une voix qui descend, à ne s'y pas tromper, du Dieu maître de nos destinées.

C'est donc sous le regard de ce Dieu qui vous aime, au sourire de cette Mère céleste, Marie qui vous protégera, que vous allez prononcer le serment d'une union sainte et indissoluble. Que vos cœurs soient tout à la fois heureux, reconnaissants, et pleins de confiance : ce que Dieu garde est fidèlement gardé.

Vaise, le 12 Août 1865.

LESCURE, vic.

LYON. — Impr. de J. B. PÉLAGAUD.

noble simplicité d'une vie de travail, fuite constante de toutes les folies du monde, accomplissement à toute épreuve des volontés divines dans celles de vos parents bien-aimés, amour inaltérable pour la loi de Jésus, fidélité sans faiblesse au glorieux étendard de sa divine Mère : oh! quelle consolante moisson de bénédictions et des plus saintes espérances ne promet pas un semblable printemps !...

Et puis, laissez-moi vous dire encore une conviction inébranlable dans mon expérience de prêtre :

Quand Dieu intervient d'une manière aussi providentielle et dans les pensées droites et loyales de deux honorables familles chrétiennes; quand sa bonté va, elle-même, chercher à distance deux cœurs, avant tout, respectueux et soumis à la volonté paternelle : et quand, en dehors de ces influences si souvent désastreuses dans le monde, ces deux cœurs chrétiens n'auront demandé qu'à la vertu le mot d'ordre de leurs destinées futures, oui, il y a là, dans cette direction providentielle, un de ces traits lumineux qui ras-

Et voilà, jeunes époux, nous en avons la ferme espérance, l'heureux spectacle que donnera désormais l'union que vous allez contracter, et au Ciel prêt à vous bénir, et à tous ces parents dont le cœur ne bat en cet instant que pour vous, et à cette société nouvelle où vous porterez bientôt votre part de vertu et d'édification : car il y a dans la vie humaine des conditions d'un passé qui demeurent, à l'ordinaire, le garant précieux des espérances d'avenir.

Oui, jeunes époux, lorsqu'on apporte, comme vous, Monsieur, pour constituer une union conjugale, non-seulement les garanties d'une intelligence solide, de succès brillants dès le début même d'une carrière industrielle, mais, au-dessus de cela, le tribut d'antécédents religieux, d'honorabilité sans tache dans une vie où tant d'autres la laissent malheureusement se flétrir, on peut regarder le Ciel avec amour et le prier avec confiance ! Et lorsque à ce premier élément viendra se joindre celui d'une jeunesse, comme la vôtre, Mademoiselle, passée tout entière dans l'inébranlable solidité des vertus chrétiennes,

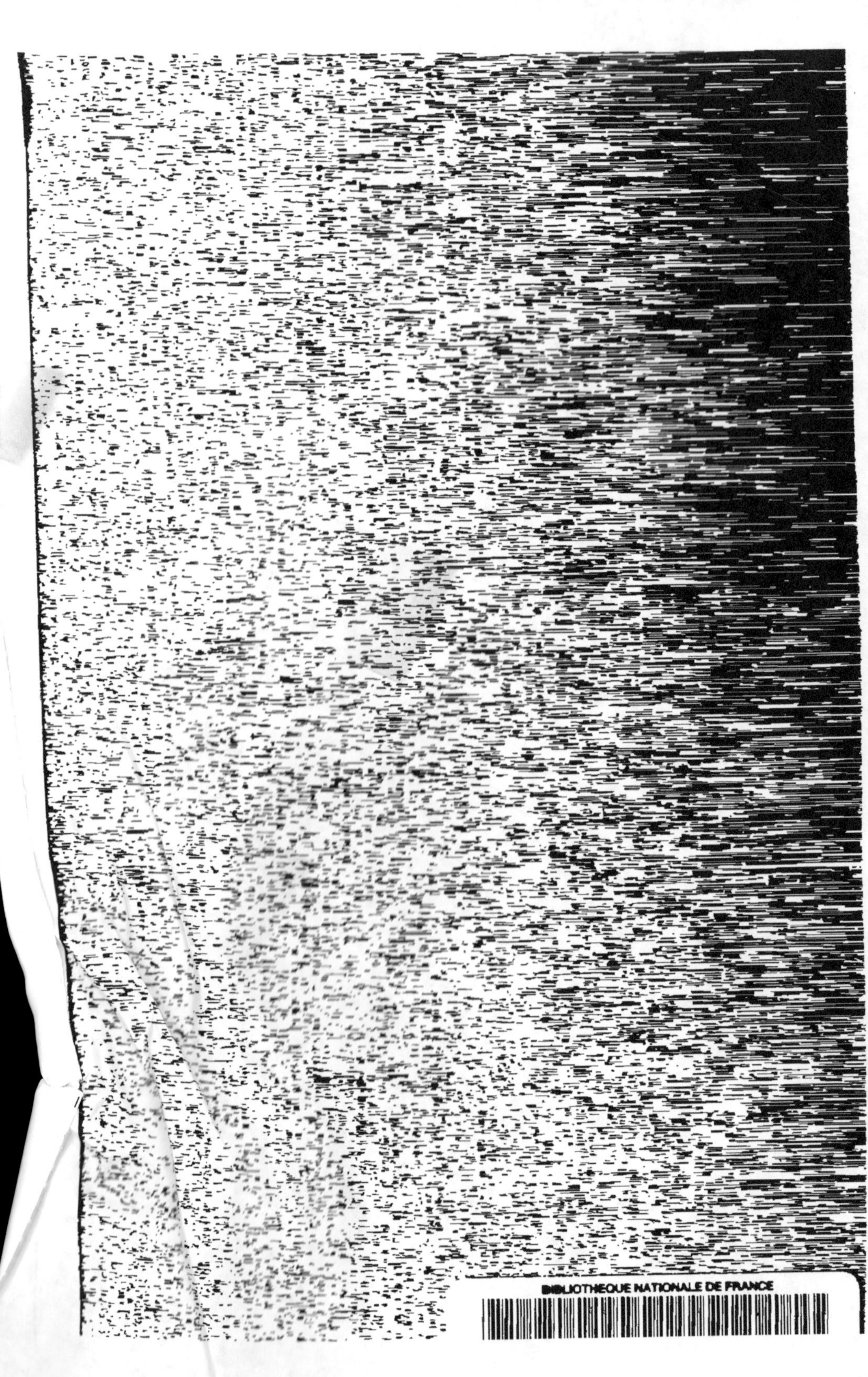